ESSENZEN IX
Michael Stoll

ESSENZEN IX
Dichtungen von

Michael Stoll

Verlagslabel: **MERGATVERLAG**
SusoHaus, SusoGasse 10 88662 Überlingen, info@mergatverlag.de

Das Abbildung des Gemäldes auf Seite 218 stammt von der Malerin Ute Dreher und zeigt eine Arbeit aus der Werkreihe GEWANDUNG des SusoHauses im Sommer 2024. Die Fotos auf Seite 231 und 239 sind vom Autor. Das Triptychon auf Seite 235 zeigt das Gemälde Augustblüte des Maler-Eremiten Jürgen Knobel und befindet sich im blauen Raum des Lebensklosters. (www.lebenskloster.de)

ISBN Softcover: 978-3-384-32792-5
ISBN Hardcover: 978-3-384-32793-2
ISBN E-Book: 978-3-384-32794-9

Druck und Distribution im Auftrag des Autors:
tredition GmbH, Halenreie 40-44, 22359 Hamburg, Germany

Inhalt:

Weg-
Zeichen
erschimmern
den
Horizont

und
Vages
gewinnt
Form

Response

Antworten

soweit

das

Auge

reicht

reicht.

Die Antwort aus der Summe an Möglichkeit. Das Erkennen, das Erfühlen, das Ergreifen — und dann der Wurf, der zur Parabel —; der Dir erzählt, was ich vermag, was ich vermöchte …

Die Kugel rollt im Tal der Antwort aus. Ruhig, still liegt sie da — bis zur möglichsten Nichtverachtung; erst dann entfaltet sie ihr Wirken ganz, und erhebt sich zur Umfassung, zum Rund, zur Helle.

Warte, gedulde den Moment, mit welchem dein Ingreifen zum gelassenen Ausgreifen wird, der offenen, der Weite zu, herbst-längs-all-der-Blätter-Fall …

Offene Gemeinschaft

Fließend

in

der

Begegnung

formen-
der

Strom

Es gibt keinen Meister. Es gibt keine Meisterin. Es gibt keinen Schüler. Es gibt keine Schülerin. Da weht sanft der Wind. Da summt es leise an mein Ohr. Da bewegen wir uns vorsichtig. Wir begegnen uns. Der Andere ist mir unbekannt. Ich bin mir unbekannt. Im resonanten Strömen von mir zu dir, in der Vielschicht und Wunderbarkeit all-der-Schichten verdichtet sich ES zur Gestalt, der Gestalt, dem Bogen des Tores, den wir immerfort und lichtender und liebender durchschreiten.

Haltung

Offen

dem

Seienden

tanzen-

der-

Durchlass

der

Mitte.

Vom ersten Geschehen des Daseins auf dieser Erde an, werden wir, wird der Mensch, werde ich mit einer Form ge– und verbunden. Mit dem Drehen der Eizelle und dem Eingang des Spermiums geschieht ganzvereinende Formung und Wandel hin zu einem bewegten und die Welt selbst bewegenden Menschen.

Die menschliche Technik hat das sichtbar nach Außen -Setzen beherrschbarer Form weit getrieben und dabei den Grund des Ganzvereinten seiner Herkunft verlassen … Mit einer Selbstsetzung, die nicht vom Wunder und Staunen der All-Weisheit getragen ist — geschieht Zerstörung und Dissens und Ab-Fall.

Eine Haltung, die aus der Gewissheit umfassender Harmonie und zugleich vollkommener Öffnung der Fülle des Gegebenen besteht — diese Haltung, einem Kelch gleich, führt ein Werden und Handeln im Raum tieferen Verstehens weiter.

Im Wir

All-Ein

und

All-Ein

und

All-Ein

auf deinem Weg.

Kein Riss geht durch unsere er-
bauliche Mitte. Keine Gräben
verfestigen sich — wir bauen
Brücken.

Wir sind geduldig und abwar-
tend auf die erhebende Neuig-
keit, die der Mit-Andere mir je
zugeneigt mit seiner Erzählung
öffnet … in Entwicklung klang-
bestimmten Herzens, weiter
um weiter …

Und schiedbestimmt die fried-
getragene Haltung all-den-in-
anderer-Offenheit-Seienden; —
aus tiefsten Gründen des Weges

eines
versammelnd
Einen.

Zerbrochene Welt

Zer-
brochene
Welt

Siegel
der
Freiheit

Auf dem Grund keinerlei befehligenden Sage bin Ich. Blank — leer— reich und weit.

Von diesem Grund aus dein Blick auf das Zerwürfnis und all-dem Hässlichen im Raum verstellter Handlungen. So auch die Schönheit der Rose, die dich anspricht, und der Klang ihrer entfalteten Tonschaft deine sehnende Haltung erhebt.

Wie erlangst und bist Du selbst wirksam Antwort gegenüber all-dem-Leben; welchem Gehalt widmest Du dein Tun und Dasein, dein ganzes und noch zu ergänzendes —?

Das Zwischen-Mensch-und-Mensch scheint geklärt — die Wesen all-der-Natur fangen allmählich erwidernd mit Dir zu tanzen an.

Vor all den Sternen bist Du jetzt auf dem Schauplatz Erde — Form — und Mitte gefordert, mitzuwirken an einer Wandlung, die mit deinem geöffneten Herzen beginnt — einem kosmischen Wandel, der im Keim plasmatischer Form erneuten Schöpfungs-Ursprung findet und gefunden hat.

Offen dem Einfall

Ver-
tretener
Ort

ge-
gangen.

Einpendelnd meinem Stand zu —
dem Innersten. Vom Blick auf den
Boden vor mir, hinauf ins himm-
lisch` Unbegangene. Dein Irren in
den Wäldern hört auf. Andächtig
das Licht vor Dir, hinein in dich und
ruhiger Du wirst.
Nun das gefasste Offenwerden und
fröstelnde Frieren in bleibender
Haltung des Erwartens. Wann ge-
lingt der Ein-Schlag ins Weitere? Alles Unbestimmte, Ungeregelte, ver-
wischend Auftauchende zieht vo-
rüber. Und jetzt lichtet sich wirklich
der Raum. Deine Sage verbleibt im
Schweigenden. Deine ganze Haltung, dein Gehen und Stehen und
leises Summen spricht das erneut
uns-alle-Verbindende wirklich aus.

Antlitz

Ende

der

Flirrheit

Sage

des Ernstes

Du

Unsere spontane Zufallsbegegnung im Zug war vollkommen unerwartet. Geöffnete Tore begegneten sich. Der Glanz eines befreiten Zwischen warf sein Licht und hob den schnellen Puls von Angesicht zu Angesicht —.

Jahre sind vergangen nach unserem ersten Sich-Sehen; Jahre der Täler und hilfreichen Gipfel. Wir sind unserem scheinbar erkennenden Schnellblick entwichen; und erfahren immer wieder die Abwehr rätselgelöster Überfremdung im gelebten Zeigen, wer der Andere in Wirklichkeit ist und sein will. So wächst unter dem geschützten Mantel beständiger Zugewandtheit ein einander tiefer-um-tiefer-Verstehen, und mit ihm die Wärme ausstrahlend tragender Herzen.

Es entstehen da Schwingungslinien, Engelsbotschaften eines ins Unendliche reichenden Du, — wo dein Antlitz und mein Antlitz widerleuchten, beglückt in der Erfahrung eines wirklich und zutiefst Verbindenden.

Neues Sein

Vom Licht

zum Leid

zum

Lichten

Was ist hörbar in Zeiten der Dunkelheit, in Zeiten des Leids, des Verlustes, der Schmerzen? Was ist hörbar an Klängen, die uns erheben?

Warten, gedulden, in Haltung, offenbleiben … der Weg hin alles zu lassen, was die Willkür an verewigten Bestand verbrach und unseren Blick in blinder Fixierung fesselte!

Geheiligter Bestand zu innerst bewegter Lotung — da, dort, wo all-die-gelenkten Stimmen schweigen und hin zum Geöffneten die Engel-Boten singen — dein ureigen kosmisches Zwischen hilfreich Dir öffnen!

Vom Innersten ins Allumfassende schwingend —, unermesslich allschaffendes Du!

Die Welt des Schattens trägt das Strahlen des Lichtes, zu erheben hin zur Schönheit deiner und meiner Religion, die wir verbunden und liebend und so umfassend wirklich sind und immer schon waren.

Von der Freude

In

Einem

tanzen

Die
Ebene des
Seins trägt dich
in-all-der-Zeit. Seiend
zu sein als Mensch mit Tönen,
Gewerken zu spielen, zu bewegen, zum
Klang zu erheben ist Alles — Zeugnis und Sinn.

Neu sehen

Neu sehen

aus dem

Absoluten!

Gab es eine Nacht auf der keine Morgenhelle folgte? Warst Du da zitternd und voll Angst gepresst viele zeit-gedehnte Dauern in Dunkelheit? Und wolltest Du dann aus verblendeter Willkür nichts mehr, und zerfielen die Formen vor Dir und in Dir und mit Dir; und war da zu-letzt und schließlich nur dein gegebener Atem-Puls — tief ruhiger werdend im Nur-so-da-sein? So bist Du ge-storben den annehmlichen Formen, so sind die bösen Geister des Haben-wollens und die Angstfluten drohen-der Wegnahme und Überfalls weitergezogen — sie ha-ben kein Ziel mehr. Und Du bist nun gelassen aller Ge-lassenheit und doch so demütig dankbar und froh, dass Du lebst und damit der direkte Geschmack glänzender Fülle aller-orten, die unendliche Dimensionalität an Be-deutung und das Hören und das Sehen und das Ergrei-fen und das Wunder der Ganzheit dich überkommt, dich wirklich und in Ewigkeit trägt. Aus jeder Einzelheit er-wächst der Baum, der Früchte trägt. Im Stillsten und Leisesten, am unbekannten Ort ist dein stetes Wachsein und Preisen aus dem Absoluten, direkt und ohne Ablei-tung. Der verlorene Sohn, die verlorene Tochter gewin-nen ihren Ursprung erneut und hell bewusst.

Aus der Stille

Übersinnliches

Lauschen

All-Konzert

ins

sinntragende

Zeichen.

Im Rauschen tiefster Stille, aus dem Rauschen vielstimmigster Harmonie — die Geburt der Regel, der Ordnung, des Klangs.

Räumen wir, lauschen wir, vergessen wir alle Formation und sind da, blank, leer, liebend und offen all-dem-hier in Zeit, Raum, Ort und Situation.

So sind wir fortschreitend und wandelnd in Einem, im Wunder eröffnenden Lauschens, werden uns allmählich und im Zuklingen vertraut.

Wir trauen dem maßlosen Reichtum reinen vergegenwärtigten Empfangens aus der Stille uns an, sind uns darin geschwisterlich gewiss.

Da wird das nackte Zeichen deines Tons zum erhebenden Moment bereinigter Haltung dessen, der-Du-bist und immer warst.

Von der Freude

Ursprünglich

Verbunden

Sein

Die Knospe der Rose im November.
Trostlos ihr Beginn, ihr vergeblicher
Schritt ins Blühen — sie verbleibt im
nicht Entfalteten. Der Frost kommt
und die Blüte bleibt geschlossen,
bleibt verschlossen.

Wie schön ist es, wenn dein Wort zur
Sonne mir wird, wenn wir blühen
trotz dem Kaltsein ringsherum und
trotz und trotz und trotz. Hell klingt
die Ordnung geschliffenen Kristalls;
die Sonne trägt ihr starkes, andauern-
des Strahlen über unser lichter-
buntes Spiel, ganz heiter und in Liebe
uns zu.

Bilder vergehen, Bilder kommen —
wie Streiflichter bringen sie meinen
Puls und meinen Atem ins Erhöhte.
Doch dort und da am Gipfel schweigen wir, sind voll-der-Andacht, unsag-
bar weit und still geöffnet.

Strömen der Alltranszendenz

Gewahr

dem

Wandel —

— in

Einem

Sein.

Es gibt keinen Tod.
Es gibt keine Religion.
Es gibt keine Bemächtigung.
Es gibt keine Argumentation.

In-Sein
Reines, bereinigtes Befinden
in bloßem, fließenden Bewusstsein.

Taten werden
zu Sternen-Taten.

Das ist Alles.

Vom Horizont aus

Die

Sonne

in

Dir

Alles da, so, da. Keine Rührung von den entfalteten Dingen ausgehend — mehr. Still, stumm, regungslos. Einatmen, raumeröffnend — aus der Stillheit. Von der Allmöglichkeit, der Weite des Horizonts, dem Wunder-über-Wunder aus — erlauschen und sehen und handeln. Heilen.

Dieser Ort ist der Gelassenste. Von hier aus wird dein Rätselwerk Schöpfung transparent; — All-ES strömt immerfort in Kreisen seinem Ausklang — Inklang — Einklang zu, was Du fühlend erkennst; und mit der Gabe stiller Korrektur und Hilfe — wirkliche Weissagung wird. Hier ist Wahr-Nahme und Zusammenklang des Gegebenen wirklich.

Du bist Kiesel im Flusslauf und Bewegender in-Eins.

Du und alle Welt

Du
bist
alle
Welten

unendlich
nicht.

Du breitest deine Arme aus und ein Strahlen geht über dein Gesicht. Sorgbefreit deines kleinen alten Ichleins gehst Du über die Felder, lässt den Wind dein Antlitz berühren und hilfst da und dort bei der Feldarbeit. Abends dann bist Du eingeladen in froher Runde zu essen, zu scherzen, — und dein Nachtlager duftet von gemeinsam eingebrachter Ernte. Sorglos kommenden Morgens weist Du gewiss, das Du dabei bist, immer.

Die Fülle des Nächsten

Auf
die
Knie

ins nie
ganz
zu Erfassende

Lauf
des
Schicksals

Du

Jenseits   all-der-Schulen-der-Geläufigkeit, der statistischen Zahlenwerke und juridischen Gleichmachereien. Da der Mensch, einfach so, da. Mit seinem Geschehnis, seinen Zweifeln, seinen Ängsten, seinen Sprüngen und Schmerzen; Der-da-so-lebt ins Offene, und auch seine Offenheit verstellende.

Der andere Mensch, mein Gegenüber. Du trägst mir ein Wort zu; — Welches Wort sagst Du mir und höre ich Dich, erhöre ich dich und dein tieferes Sagen?

Wir stehen uns gegenüber in schaudernder Fremde und freuen uns doch am Gleichklang.

Ja, trotz unseres Abstands ist da eine gemeinsam erfühlte Wegspur tief entsprechenden Grundes.

Aus unerhörter Stille

Ohne
Formulatur

Ohne
Spielerei

In
den
Ernst
der
Berührung.

Du weißt, wie Du den Spaten wendest. Dein Wurf des Sandes ist gekonnt und sicher. Das entstehende Bauwerk ist so gewollt und immer wieder gewollt bis zur Willkür …

Der sich bildende Tautropfen entsteht. Im Glanz aufgehender Sonne und der Schwerkräftgkeit seines Wuchses fällt er aufs grüne Blatt und rollt entlang zum Fall auf den Grund, nährend und hingegeben.

Das Kraftfeld unserer Töne, unserer gegebenen Durchlässe, Aufenthalte und lassender Gesten nährt sich aus der Unberührtheit unserer Stillen — der Heilung des Raumes, unseres gegebenen Raumes zu.

Unsere Landschaft

Aus

dem

Haus

ins

Lichte

gemeinsamer

Hand.

Die brachen, verschlossenen Räume des Zwischen. Die Kerker der gemachten Welt hinter Fassaden aus Glas und Strom. Der Weggang von einem unheimisch gewordenen Zuhause.

Da-Sein — Still-Sein — Schaffend-Sein.

Wir finden uns in licht eröffneten Räumen, schaffen Land, Landschaft.

Da ist kein Bruch mehr zwischen erfülltem Gespräch und dem Leuchten des Wetters all-die-Zeit. Wir schaffen, schöpfen und schließen die großen Wunden der Vergessenheit.

Töne und Gestalt und Farbe und Form schließen an das große Wunder des Offenen, des Geöffneten, eines Himmels — an.

Übereinkunft

Vor
allem
Schweigen

die
Voraussetzung

Du bist vor mir. Sehe ich den Wildwuchs deiner Erscheinungen, das blendende Spiel deiner Schönheit? Und erkenne ich unterscheidend das Wesen, welches ist und ist und ist?

Da der Blick jenseits der Blicke. Da die Ruhe über aller Ruhe. Da das Nichts des Nichts.

Unerklärlich, weiter als weit und offen. Da sehe ich und sehe nicht.

Und doch
        weiß ich
                und weiß
                        und weiß.

Sonne

Immer-
während
die
Sonne
in
Dir

scheint
und
wirkt.

Beständig formend be-
weglich sein.

Ganz, mit All-zu-
gegebenem umfassend
offen werden.

… in Erkenntnis der
Pfuhlorte von Habgier
und tumber Bemächti-
gung die Hunde der Vor-
höfe golden ketten, so-
wie den verspiegelte
Rückzüge zerschellen,
lassen …

Wahrlich lebst — bist!

Im Wandel des Drachen

Der
schwelende
Brand
geöffnet

das
lodernde
Feuer

beruhigt.

Die Staffage des blank verputzten Weiß. Die Risse in den Talaren und den überlaufenden Galatischen, getragen von leerer Prominenz — immer mehr und mehr und verreichter um verreichter…

Da-Gegen das Spiel der Buntfarben, voll erträumter Losgelassenheit im Feld des Froh-Sinns, beschwingt und trunken der Liebe zum Eigen- Ton, widersetzt der Verkarstung, feiernd den Ursprung, das Ursprüngliche und mit ihm den bloßen Anfang weiteren, erweiterten Geschehens in Offene …

Da-Stehen wir in-Mitten und arbeiten still und sorgsam und beschwingt an Schönheit und Ruhe und Kraft eines ganz - und durchwirkt gemeinsamen — Gesprächs, mit der Helle des Raums, der uns weiter um weiter — führt und trägt.

Gelassen

Außer

jedes

endlichen

Vorzugs

Und wenn die Stimmen der
Herausforderung, und wenn
die Mächte der Befindlich-
keiten, und wenn Du da be-
drängt und verdrängt …

Dasein — ohne Unterlass —
Dasein; Verlassen bedingter
Reaktion.

Du Liebender allverbinden-
der Liebe, — wirksam ohne
Absicht.

Aus innerster Ergriffenheit —
empfangend AntWortender
bist allEin.

Auf der Bühne

Auf der
Bühne
gegebener
Natur

den
  Tanz
    zelebrieren

den
Tanz
deines
Lebens!

Was für ein Künstler, eine Künstlerin, die das Wunder der Form und seiner Entwicklung trägt und liebt und schenkt!

Im Idyll der Stille des All-Wunders, unterm Hüttendach, beim Strömen des Regens sitzen wir, empfinden die Wärme eines unendlich Beschenktwordenseins;
— wir voll-der-Liebe mit unserem Werkzeug schöpferisch-befreiten Hörens und Sehens und Gestaltens so ganz dem All-Wunder-Leben dienen.

Aus dem Grund

Schenk

Dir

den

Raum

zu

wandeln

in

Sinn!

Jede entgegen-
kommende Form
mit ihrer Kraft und
Gelenktheit und
Verführung hält in-
ne — vor dem ge-
heiligten Raum,
deinem Freiheits-
raum, aus dem Du
das Wechselspiel
des Alten in das er-
neute und so er-
neuerte Leben
führst, begleitet
von Schönheit,
Wärme — in An-
dacht.

Zuströmen

Wandel-
Geschenk
im
Jetzt

All-
fähig
liebend
werden.

Ohne Ballast der
Selbstgabe die Auf-
gabe erfüllen, die
jetzt, hier und mo-
mentan Spielfertig-
keit, Resonanz for-
dert, einfordert.

Alles gehört zu Dir
und nichts gehört
Dir.

Allein das Schwin-
gende im Verhält-
nis ist.

Und immer der Bewegtheit ...

Offen
deiner
Flanke

im
Blitzen
der
Lider

das Lied.

Sind wir wach? Geben wir dem Morgen sein Recht und nehmen wir das Stärkende der Nacht mit in das TagWerk, welches wir sind?

Geduldig ertragen wir unser Stammeln, da es die Sehnsucht nach neuer Sage auf den Lippen trägt.

Hingabe, hingeben im Voll-Vertrauen, dass wir uns sind und neu und miteinander werden.

Die Wahrsagen sind von den Felsen gefallen und beginnen zu grünen.

Da sind wir dabei!

Einklingen

Und
immer
nah

am
Wahr-
Gefühl

Strom
gemeinsamen
Werdens.

Wenn wir den Schlaf anzie-
hen, und uns einwiegen,
und wir der Ohnmacht ent-
gegentrudeln, um dann in
sanften Schwingen die Tä-
ler zu überbrücken.

Wenn wir uns dann dem
Schlaf entledigen und un-
ser Ja-sagen zueinander
und der-ganzen-Welt da ist,
dann ist wieder um wieder
Hoch-Zeit, unglaublich, un-
fassbar — da.

Und mit solcher Zeit der
Helle ist das Gewisse im Ungewissen existent, da ist
Liebe, absolut und ewig gewiss.

Einfühlung

Im
Verstehen

Im
Grenzfühlen

Im
Leben

Da-Sein!

Und immer schwingt Es, und immer singt Es — an dein Ohr, berührt dein Herz.

Im erweiterten Dasein - mit Hilfe all der Wüsteneien - entwickelt sich der Gesang — unabgelenkter, tiefer gegründet und letztlich versichert.

Und mit dieser und jener Zeit — im Durchreisen verschieden—, geschiedenster Welten, fernab des Gewohnten, ist da mit einem Mal dein Ton und ganzes Lied gewiss und mit seiner Offenheit bereit!

Anspruch

Bleibender
Rückbezug

Erwachen
ins
Ergrünte.

Nimm All-das-Umgebende wahr. Tanze den Tanz der Sinne. Verweile im liebenden Verhältnis, und kehre der Welt den Rücken — bis die Sonne ihn schließlich erwärmt!

Sodann bei einjeder Rückkehr — nimm den Aufgang mit hinein ins formende Fließen; in und mit dem Raum, den Du als heilSamen Raum begnadet — geschenkt — bekommen hast.

Dieser fordert dich auf, zur Heiligung, zum Anspruch des Organismus der Fülle; — weiter zu gehen als im bloß Abstrakten, weiter zu gehen als im Sinn-Verlieren; hineinzugehen, hinein in den Tanz des Vollzugs, der in EINEM erlischt und neu geboren wird — über und über mit allen Zeiten hinweg.

Atem

Fließender
Atem

er-
formt
die
Nacht

Kein Ergebnis.
Kein Zielpunkt.
Keine Vollform.

Weiter um weiter,
feiner um feiner
fließt dein Atem,
spielst Du das Spiel
der Existenz.

Die Worte zerrinnen
in deinen Händen,
und der Ton wächst an.

Im Anker der Körper
schwingt das Vergehen

und mit dem Sprung von der Schaukel
wächst nächtlings
das Vertrauen.

Biographie

Zur

Stern-

Gestalt

Erwachen!

Gefügt
Geschoben
Gedrängt

Verwaist
Verlassen
Verloren

Getragen in Nebelzeiten
Verlassen in Klarnächten

Vom Zeichen zum Symbol
Vom Gewissen ins Wissen
des Ungewussten

Nächtlings der Fall;
über grüne Wiesen gesicherten SachverHalts
ins bloß

Offene.

All-Du

Offen
dem
Ergänzenden

Du

Im Niederringen
des Schon-
Gewussten

Im Verlernen
angelernter
Grammatik

In den
Verschiebungen
von Raum und Zeit

wartet
all-einigendes
Wort

zu sein.

Harmonias

Ewig
lebendige
Ordnung

Christus
Sonne

in Dir.

Meditativ
versunken und hellwach
lauschend, erlauschend, fühlend
und offen wahrnehmend ankert
sich dein Leben aus ein-
geborgener Sonne
tiefsten Herzens
einzig — all-ein
und jetzt
da.

So — was immer Du willst — geschieht!

So — was immer Du fühlst — ereignet sich!

So — was immer Du erkennst — ist!

Wahrlich

Hingabe

Im Ver-
Trauen

Öffnen
und
Schließen

den Atem
den Raum

deiner
Seele.

Vor vierzehn Tagen hat mich eine Corona-Infektion quasi lahmgelegt. Ich stand vor dem Kühlschrank, wollte mir eine Scheibe Zopfbrot herunterschneiden und es hat mir vollkommen entkräftet schier die Füße weggezogen. Ich schleppte mich ins Bett, was ich zur Toilette und zum Teezubereiten für drei Tage kaum verließ.
Gedankenformen — wenn sie vorbeizogen — gaben sie mir keine Kraft, sondern waren bloße Schattenzeichen, unkoordiniert und nicht tragend. Andere Menschen mit ihrem Leben und Hintergründen verblassten. Ich war bloß und nackt und leer, wartend und matt inter-esse-los.

Jeder kennt diese Zustände, die all-die-Sinnstiftungen in Ferne zu rücken scheinen —;

Und doch und jetzt, im momentanen Gewahrsinn allmöglicher, dem irdischen Leben zugegebener Abgründe — wesentlich ist der innerste Raum deines eigenen Seins, Sinns und der Brücke ernsthaft erworbenen Sprachlichkeit!
Er gibt Dir durchtragende Kraft und Weisung der Lebensform, die Du allEin zuinnerst bist und worin Du in größter Allverbindlichkeit so ganz und zusehends wirst!

Gewahrsein, voll-der-Hingabe in gegebener, einjeder Situation… wie dankbar bin ich dann den Farben und dem Leuchten und dem Gegenüber und dem Hören, Zu-hören gemeinsamer Musik!

Da — ein Lichtspalt zum Himmlischen, dem eigentlich wir angehören.

Retraite

Dein
Antlitz
der
Einkehr
leuchtet

in-
wärts

Die Gasse entlang. Eine Begegnung. Ein Blick genügt. Dein Schweigen ist sprechend. Sanftes Verstehen im Schweigen. Deine Zelle ist errichtet. Deine Ruhezeit, dein Ruhestand all-diesen-Tags gewärtig.

Wir beugen die Knie vor unserem Ausatmen. Wir entfachen das innerste Feuer zu seinem stillen Glühen, welches uns ganz erfüllt.

Erfühlen wir die Phasen der Andacht, geben wir ihm den Respekt und die Füllung trotz und trotz und trotz überlagernder Geschäftigkeit?

Ja — wenden — Zeiten.

WahrWort im Gespräch

In
der
Wärme
Freundlichkeit

im
Wägen
der
AusSagen

die
Haltung.

Im Kreis geht der hölzerne Stab. Schweigend ergreift sie ihn
und spricht — erfühlend mit dem Wort.

Du sprichst. Du
ahnst. Du fühlst. Du
bist.

Mit ganzer HinGabe
erlauschte ich deinen
Ton; mit Hilfe all deiner sprachlichen Zeichen — im Raum der
Sphäre all-deiner-
und-meiner Leiblichkeit.

Und da — mit der
Offenheit-Zwischen
schwingt sich unser
Absolutes, wahrlich
und wahrhaftig und
endlich ein.

Geburt des Dialogs

Ein-

lassen

auf

das

Schöpfungs-Spiel

im

innersten

Herzen

Wir saßen auf der kleinen Insel im gewaltigen Strom
und sein Wasser stieg hörbar und gewiss

Umgeben von unaufhaltsamer Naturgewalt
mit der Gedrängtheit bestehender Situation
geschah die Geburt:

Nächste Nähe
und vertiefteste Einverbundenheit
brachen sich bewegt Bahn und Raum und Gefasstheit

Die Gegebenheit entblößte sich mit einem Mal zur Schönheit Blüte,
und wir bildeten den ruhenden Kelch
inmitten all-tosenden Geschehens

— bruchlos im Übergang von All-dem-Bewegten
zu einer wirklichen Übereinkunft

Sie allein erzählt dein Ersehntes, dein Morgiges!

Gutlieben

Mein Schweigen
Mein Sagen
Mein Handeln

Teil
zu
Teil

Klingendes
Lieb-Es

Keine Kasteiung
Keine Verdrängung
Kein Bevorzugtes

Bilde den Raum
in mir
um mich
durch dich

um einzutauchen
in das Ergänzende,
in das umfassend
klingend Eine

Nach dem Einatmen
die Stille —
entfaltete Schönheit

wieder-auf-ersteht!

Tragendes Licht

Oh`
du
Licht

all-die
Schatten
er-
trägst!

Der schattige Tag schwindet
Nacht bricht an —
schwarzdunkel und sternhell.

Sodann der Morgen, graut
konturt Zu-sehendes
Schattiges, Gegen-ständiges

Daraus eignet sich der Tanz
… aus dem Einen, hin zu Einem …
zutiefst versammelter Botschaft —

— wieder um wieder
ins Ganze der Erzählung,
Lösung zu Erlösung

auferstehend
im Maß
gegebener Skalen—Spur

deines
unendlichen

Weges.

Atem

Mit-Sein
vollkommenen
Atems

in
führender

Resonanz

Aus der Stille der Unentschiedenheit
in den Impuls des Seins

Gesättigt der Entfaltung
die Heimkehr ins Mögliche

Stille — Gedulden —Hoffnung und Sehnsucht
daraus entfaltender Kreis
der Schöpfung, des Schöpfens

Wieder um Wieder,
Gehen und Sterben
im Raum eines Werdens —

— gewaltiges
          und feines
                und schönes
                      und atemtragendes
                            Geschehen ...

führst zum einfach Einen
wieder um wieder
erwirklicht'

erhöhter
Schwingung

Leben.

Transparenz 1

D-

ein

Ding

leuchtet

alle

Ordnung

wieder

Im Atembogen,
dem Spiel der Farben
und der Bewegtheit der Fließkoralle
liegt die Verborgenheit tiefsten Anrufs

Aus dem einfachst Einen —
die Vielform
in konzentrierter Aufmerksamkeit er-tragen
und geheiligte Re-signation zu üben

Morgen ist der Tag,
der sich jetzt
mit dieser deiner Haltung
bahnt

in reiner Bewusstheit.

Transparenz 2

Ge-sondert

Ding

erfährt
Erhöhung

unendlichen

Bezugs

Alltags-Moral

Großzügig den Umblick
einjeder Handlung
ge-währen

Tiefe des Atems
ursprünglich
schöpfen —

— da-bevor
der Körper–Tat
sich bewegt

Untergehend
die Sonne siehst

Mit zerfließender
Kontur ruhend

in Fülle
ein-

kehrst.

Immanenz 3

Kein Himmel
Keine Hölle

Da-Sein
Da-Werden
Da-Vergehen

Augen-
blick-
l-Ich.

Die Spur meiner Empfindsamkeit,
meines Impulses zu handeln
und meiner Vorstellungs-Gedanken-Prägung

öffnet den momentanen Horizont,
und verschließt ihn und öffnet ihn
und immer neu-er-dings

Unsere Verücktheiten sind verschieden
und werden gefährlich
mit behauptet allgemeiner Lotung

Wahrheit und Wahrsein
gehen unendlich
sich nähernde Pfade

Unsere Wahrheit bricht sich
mit kommender Nacht

Im Wunder des Frühmorgens
erwachen wir

mit der Gewissheit
in Liebe
    und Schönheit
        und Bejahung

es ihm gleich-zu-tun.

Freiheit

Freiheit

Antwort

reines

Selbst-

Sein.

Im Wendepunkt
des Ein-
und Ausfließens

wird das Außen,
wird ein Innen
zunichte

Im Gewahrsein
des In-Eins-setzens

erstrahlt das Gottes-Funken-Geschenk
deiner Freiheit

Du kannst Strauchball
in der Wüste sein

Du kannst als Bauwerker
größter Türme dich erheben

und in Stille dein Frühstück
zu Dir nehmen

Mit solchem Wirklich-Sein
bist Du

frei.

Wahrnahme

Wahr-
nahme
im
Tanz
des
Gegebenen

Wirklichkeit
leuchtet.

Kind — Du staunst mich an
im wundervollen Einvernehmen
Mein Verstehen für dein erstaunliches Weltwerden
keimt in mir — wieder um wieder erneut

Und alter weiser Mann,
drüben am Bahndamm
dein Laub beiseite kehrst
wirst zum offenbaren Geheimnis

Gehe den Weg,
          Tanze den Weg,
                    und schweige,
wenn es angesagt

Im Einverständnis einjeder Situation
wird Wirksamkeit des Gewährens
ohne Engblick

Im sympathischen Ergreifen von GegenStand
wird dieser
zum Fließenden
          zum Geschenk
                    und zur Brücke

Wer sind wir,
dass wir unser notwendendes Abstützen
über gegebene Zeit und Raum und Situation
verzögern?

Ich bekomme zur stillen Lotung
gemäß die Zeit,
und zur wirksamen Tat
den Raum —.

Mergat

Das
Eine
leuchtet
 aus
 gerichtet
aufmerksamer

Haltung.

Nebensachen als Nebensachen
Hören
    Sehen
        Heiligen
— in Beschwingtheit —
erheben ...

Doch gelassen
 in Versenkung
        und Beruhung
und gestillter Erfahrung —

— allein hier
aus wesentlich Einem
    zutiefst Verbundenem
            und Geöffnetem
ist
und leuchtet
absolutes
Gesetzes — Güte.

Gottesbegriffe
hielten den Stern

der nun
    und immer
        und ewig

in Dir
leuchtet.

Schweigendes Verstehen

Regsam

bis

zur

Mitte

Schweigen

Da der Anlass,
der Angriff,
die Demütigung
— ein Vorlauf zum Frage-Antwort-Spiel

Oder hier — die anziehende
Begegnung,
Möglichkeit der Öffnung zur Fülle
in schlichten Zeichen sich offenbarend

In der Lotung sein, hieße offen zu bleiben
im Klingen und Nachklingen all-dessen,
was gleichwie an Energien und Kraftfelder und Sphären
sich mit Dir in dieser oder jener Situation ereignet

Warten, Gedulden
aufkommen lassen
letztere, schatteneinbergende Antwort,
die im still Gelassenen sich Dir öffnet

All-Sinn- wandelt zu Ein-Sinn,
wo all zur Grenze
deiner wirklich-lebendigen Bewegtheit
Dir werden kann

Und schließlich
in solch gestilltem Verstehen
west der AusKlang
einst tief erfüllten Schweigens.

Kosmisches Werden

Einbergen
wertungsgelöst

all-der-Schwingung
Wirksamkeit

im-ins Spiel
erneuter

Antwort.

Aus mehr-um-mehr
entbildeter Offenheiten
so reichem In-Geschehen
vielfältigster Resonanzen —

Der drehende
Kristall
Das einigende
Licht.

Im Raum des
Eingeborenen —
WortSpuren
          weitere Sage
                  deines
                      Weges.

Wort—Leben

Energien
einigen sich
auf den
Ton

spurt
das
weise
Wort

Und irgendwann ist es soweit. Der Muschelsammler war erschöpft. Vor Jahr und Tag, ja es waren Kindertage und Kinderjahre, da hatte er an einem großen Strand, weiß und scharf am tiefblauen Meer, eine Muschel gefunden und mitgenommen. Und nach Jahren der Vorsorge, des Erwerbs und der Kümmernisse tat er ab, was er bislang getan hatte, kramte seine Kindermuschel hervor und befahl sich, das Ebenbild dieser Muschel noch einmal zu finden. Wie irr verkaufte er all-sein-Haben und die Güter und ging los, entlang der Strände der Welt; er ging und ging und irrte und irrte, von Nacht zu Tag und Tag zu Nacht, nebelwärts und sonnebrennend ging er weiter und weiter … Nun war er erschöpft, setze sich an einem felszerklüfteten Strandabschnitt nieder und die vom fragend-suchenden Halten und Reiben abgeschabte und blank gewordene Muschel entglitt seinen müden Händen und verschwand gottlob auf Nimmerwieder.

Räumen

Den
Raum
halten

dass
Stille
wird

Das Erste und das Letzte — ich bleibe
Das Vollendete und das Begonnene — ich bleibe
Der Bestand und der Zerfall — ich bleibe
Bleiben, da-bleiben
bei meinem Atem
bei meinem Leib
und was meinen Puls einst löste

Als die Stimme versagte
Als der Schmerz mein Herz betraf
in der Verlorenheit des Allgemeinen
echolos ohne Zuversicht
da war bloß — nach geraumer Zeit—
vertraute stille Heimkehr
kindlich einfachen So-da-sein

Es ist die Haltung
verbleibender Erhabenheit,
die mich über-all-die-Zeiten hinwegträgt
wirkliches Tun und Sein und Wirken
aus dem Bestand heraus
zuerst und immer wieder —
ermöglicht

Stille — SoSein

Verweigerung
der Harmonie

Zu-Gewinn

tieferen
Verstehens

Du bist mein Höchstes

— zu Dir lege ich mich

Du trägst dauernd meine Unvernunft

— ganz in Heiterkeit, und doch still in Mahnung

Du bist mir, wie ich Dir bin

Und bleibst sprachlos

bei meiner schallenden Rede,

    meinen verkopften Irrtümern

        und Reflexen verknöcherten Bescheidwissens

Du bist bei mir; ich liebe dich, wirklich und tief

So Du, mein tiefstes Schweigen,

führst mich sacht und allmählich

in Tiefen ganzer Erfülltheit unserer Reden

allein da-dort die Glocke schwingt — aus

Zum Heil aller,

zum Heilen —

horizonthaften Werdens

— entgegen.

Im Eigentlichen

Im
Eigentlichen

Quellort
All-Transzendenz

ewig
unaussprechlich

so und nicht anders

Den Weg gehen, den Atem atmen, die Geste des Gelenks
vollziehen, da-sein, stumm — sprechend — wortreich

so und nicht anders

Dableiben, staunend offen. Das Vorschnelle rast vorbei —
niederknien, mit der Demut tanzen — einfach so

so und nicht anders

Da fließt es durch mich hindurch und mein Gestalten
schafft Wirbel, Leben — mit

so und nicht anders

Die Augen öffnen, die Augen schließen. Voll Vertrauen auf
das Wiedererringen des Atems, des Raumes — da

Schönheit

Klingender
Zusammenhalt
des
Seienden

Fließender Atem
aus mir — mit Dir — zu Dir — hin
Begegnender Atem
Räumender Atem

Und —
so gestillt im So-Sein
Kein Verzicht
Kein Fragen

Zart anklingend
          Staunen
               sanfter Wellen
                         Meer

Du bist da —
Schweigen dämmert,
sterngeklärter Nächte
entgegen …

Du Ton

Ton
sein
In - der - Liebe
Sein

Dein Ton
Dein Grund-
Ton, der Du
wesentlich bist

All die Ober-
Töne aus
diesem einen
Ton

So werden in und mit
verwandt den Klang-Gestalten
heilig-heilende Gemeinschaften
geboren

… vom Himmel und zu Erden …

Klang-
Gestalt
unendlich

Du wirst
    und bist
     und klingst.

Haushalt

Bewahren

all-der

Seelen-Räume

Mitte

Still — die Nacht hat Dir gesternt!
Höre ich
Wage ich — unablässig
im summenden Aufmerken
so vollkommen, so verrückt
zu sein?

Gehe ich
vor-sichtig,
und immer wieder
mich ermahnend,
was an der Seite blüht
und mir zur Mitte wird?

Erstaune ich
ob und ob und ob
einjede Form mich tiefer weist
zu schauen
    und Zusammenflüsse
        und Abzweigungen
            und Verwerfungen
wahrzunehmen,
diese gewiss zu bejahen,
bejahend zu grenzen,
um bloßer und bloß
transparent zu werden?

Oh Wunder —
all meinem
durchscheinend

All!

Geschwisterlich

Geschwisterlich

in-mit-den-Grenzen

meines

So — Sein

Bruder Sonne
Schwester Mond
Freudig jagender Hund
über feuchte Weiden

Wie ist alles mir
in Verbundenheit
und-Halten-der-Treue
weiterführender Verbindung

Bindung — Du
Klangwerk,
Welt und Alles
weiterträgst

trägt zur Erlösung — Schönheit
in Raum und Zeit,
Ort und Situation
bei

beiseiten
den Anderen,
die Andere
auf ihrem Weg

lassend
   und befruchtend
        und empfangend
            so weiter um weiter ...

Gelassen

An-
Gesichts
der
Freiheit

die
wir
sind

Wahr um Wahr
     Wirklich um Wirklich
          Seiend um Seiend

Wie ist deine Regung
mir erfüllt vom So-Sein,
deinem so ur-eigenen
Da-Sein ?!

Wenn Du
nicht anders kannst
nicht anders tust
nicht anders dich bewegst

als dein Ton
dein Grund
begrünt
und gründet —

all
  meiner
     bloßen
          Welt

Im Ostergruß

Dekonstruktion
verwirrten
Tuns

Geöffnet
im Land
Babel

Wir hängen alle in den Gerüsten
Unsere Hurra-Schreie waren vereinzelt,
und in WechselChören scheinbar stark —
bei all dem vermessen — gemessenen Tun

Und nun sitzen wir
wie Raben und Räbinnen im Geäst
Regungen von Dir zu Mir und Mir zu Dir
werden beachtet — geachtet — auch verachtet

Steigst Du weiter hinauf
auf den Turm deiner jeweiligen Vermessung,
oder bleibst Du weiter in Konstrukten hängen
angstschwer, zutiefst verkrampft?

Da hörten wir den Ruf des Grundes,
kein vorläufiges Ziel ist uns annehmbar
Ahnenswerter, leicht federnder Grund
auf dem wirklich Wachstum — ist …

… und der sich öffnet
all-den-Himmeln zu
wieder um wieder
tiefstem Ur-sprung —.

So verstehen wir unser jeweiliges Gerüsten
als Abwärtsbewegung
gesichert und bewusst
errungener Höhen
          und BeGriffen
            und MaßNahmen

Wenn wir dann nahe einst verlassener Höhlen stehen
wird der Sonnenstrahl
mitten in all-der-Herzen
sein.

Aus dem Absoluten

Schranken-
lose
Offenheit

im
Rückhalt
des

All-Wirklichen

Gewiss der Atmung in Fülle
Du am Urgrund — Du der Urgrund

Dein Nichtwissen
Mein Nichtwissen

begegnen sich beständig
im Ahnen des Vollkommenen

Mystiker
        des Herzens
                der Schönheit
                        und Güte

blieb.

Und wir halten
erwärmend
die Hände

weiter um weiter …

Neues Fundament

Von

der

Resignation

ins

innerste

Blühen

Dir!

Raumlos
    Ortlos
      Weiselos

Dastehen
nach dem Kampf
der Kämpfe

mit Dir
    in Dir
  durch Dich

Der Nachhall all-der-Fanfaren ist erloschen.

Auf den weiten Ebenen
des nicht Gesehenen
des Unerhörten
und nicht Vollstreckten

— begegnen wir uns

Nach-all-den-Zeiten
durchdringenden
Wissens im Nichtwissen,
verzweifelten Fühlens

— sind ohne schnelle Antwort

So eröffnen
allmählich bergende Hände

still erschlossenes
Neuland.

Ursprung

Unentwegt

aus
der
Mitte
aller
Mitten

Leben

Bin ich
und voll des Friedens
und erfüllt
meiner Mitte aller
Mitten —

Da
sehe ich
Dich,
und jene Kreatur,
und diesen Berg

— aus der Mitte aller
Mitten,
urentsprungen
im Puls des Wunders
Leben

Hier sind wir —

Vordenklich vereint
und getragen
und
voll-der-Hoffnung
tiefen Sinns

Bei all
so staunensreicher
Schönheit
und bitter Gefügtem

gewiss … Ja!

Freie Begegnung

Aus

dem

Raum

der

Annahme

auf-

suchendes

Neuland

mit

Dir!

Im Vorfeld
deiner Energien
entscheidet sich
Vieles

Ringendes
   Suchendes
      Bergendes
         Wort

Im Vorfeld
deiner Energien
kündet sich
dein Geschickt-Sein

Eröffnendes
   Befriedendes
      Geheimes
         Wort

Du tanzt
Du spielst
Du arbeitest

errungen
im

Wort.

Du bist

Du
bist

die
freie
Grenze

 Linie
schwingt.

Der Nachbar
der dich
berührt

— führt
seine Berührung
zu deinem Aufmerken?

Und bist Du
dann Da

in erfüllender
        Reaktion
        und Antwort
         und Schöpfung
euer Selbst?

Schicksals- Antwort
geheimnisvoll
verwoben

Aufmerksam sein
die Losung

die Lösung bleibt
voll-der-Gnade

Geschenk.

Raum

Dein
Raumverhältnis
schafft
mich
flügge

Im klar-fühlenden Verständnis
der Bewegungen
der Motive
deines sich offenbarenden So-Seins

wird mir das Glück
zu-teil,
dass Du,
die ganz so Andere

zu einem wesentlichen
Moment
meines Lebens
wirst

Und dein Raum
und mein Raum
gemeinsam
sich erweiternd

von Horizont
zu Horizont
in seligster
Weite

Mein Lot

Aus

innerster

Lotung

ins

konkret

Gesegnete

Meine Welt
    Deine Welt
        Unsere Welt

EinAtmen
    AusAtmen
        StilleSein

Den Wende-Ort:
Tragen
    Räumen
        Erleben

AllWunder über Wunder
AllStaunen über Staunen

in vollendetere
Wirksamkeit

dein Lichten
unser Lichten

getragen.

Erhört

Das

Raum-Gebilde

von Einem

zu Einem

mit-

schöpfend

er-lösen.

Kon-kordanz
des Raumes

Innen
wie
Außen

er-klingt

— in der Froh-
Lockung

des Geduldens
        Reinigens
          und Lösens

innerer
Widerwart.

So horizontig
meine Scheu
schwindet

und
im Nachtigall-Gesang

Du
in-Mitten

bist.

Liebesverhältnis

Du

singst

mir

zu

Musik

nur

Musik.

Und da ich nichts mehr wollte

Und da mein Verlangen zu weit mir wurde

Da war ich mönchisch offen —

all den umgebenden Dingen

und so unersättlich — in der Musik.

Die Heilkraft des Ungewissen

Der

weitere

Ton

wandelt

vollkommen

die Musik.

Die halserstarrte Gestalt
der allzu sicher Wissenden ...

Die fliehende Wahllosigkeit
der nicht ver-dichtend Auftretenden ...

Den in solch polaren Spiel
Verfangenen hilft —

Blickende Weise
aus offener Weite des Horizonts
— so auf dem Weg bewegt
vom Schemenhaften
ins erklärte Erkennen

einer
sich all-mählich
bildenden Festigkeit

Reines Wandel-Sein —
so zum Bei-Spiel:
vom Beißen
    zum Sprechen
        zum Singen
des sich wandelnden Zahn-

Werks
für das Luftige,
welches dichteste Liebe wird

licht im Schwung
bewegen-der
Bewegtheit.

Transparenz des Raumes

Wo

die

HochZeit

fließender

Energien?

Wo
beginnt
die kalte, nackte Form-el
zu schwingen?

Wo bauen sich Räume
in-einander
        über-einander
            mit-einander
auf
und heben
das erstarrt
Verdichtete?

Zartfühlende Resonanz
Erdulden des Schemenhaften,
eines noch nicht
Geklärten

Freude des Versuchs
Kampf der Irrung
Frieden
er-klungener
Wohl-fahrt —

ins
all-gemein
Ver-
Söhnte

Führender Wille — Achtsamkeit

Aus

dem

Kreuzpunkt

fließendes
Strömen

Zartheit

Impuls des Tuns
aus innerstem
Herzen

Abtastend
Abfühlend
und gleichsam
        im Augenblick
            voll-des-Vertrauens
handelnd

So Du
geführte
Hand-puppen-spielerin —
Mensch

im
mäandrierenden
Tanz

weiterführst
dein Leben

All-Ein

Aus dem Nichts

Gegebener
Bestand
Fenster-
laden

schwingt
und
klingt

auf!

Da kann Dir
niemand Nichts
geben

wenn dann
da Nacht
ist

und nichts
Konturelles mehr
dich zu tragen scheint

Der Schein
zu Ende
ist

Rettungslos
    Vertrauensvoll
        und Rückhaltslos

getragen

vom
Sein
allein.

Würde

Wenn
Du nicht
bist

bleibt
beflissen
der Weg

Geheiligte Religion
bereinigter
Herzen —

— ein endlos
scheinender
Weg

hin
zur Sonne
aller Sonnen

So vergebe
Ich
immerfort

das Fehlen
zugewandten
Schwingens

Es ist und bleibt
die Zu-
Wendung

Blank - Offen
von Dir
zu Dir.

Humor

Der
Flug
des
Vogels

gezeichnet
am
Himmel

voll
der Leichte

Im
Eingraben
der Besorgnis

Im
Verteidigen
des Standes

In
Fluchtbewegung
und erstarrter Verkrampftheit

weht nicht
d-ein belebender Wind
mir ins Gesicht

Doch Da-Ja-Dort!

Im verdienten Geschenk —
gelassen
    bereinigten
            Blicks

wird
meine kleine Geste
        zum Liebkosenden
mein stiller Ruf
        zum Klingenden
und meine stille Geste
        zum schweigend Sprechenden
… da-dann-dein Mund
            so stimmig
                lächelt.

Ja

Dunkelheit
der Dunkelheit

Helle
der Helle

verstummend
durchdringendes

Ja.

Gibt es
diesen lichten Ort
in und mit Dir?

Gibt es
dieses Moment
hin zu großen Öffnung?

… und daraus dein Ja,
umfassendes, hoffnungslobendes
Ja —

dich trägt
  dich umhüllt
    dich freisetzt

— für All-das,
was Dir begegnet
in bloßer Leiblichkeit

und deine
verwandelnde Antwort
bildet

karawanenhaft —
deinem Raum
der Räume

zu.

Tanz der Deutung

Mit
der
Annäherung

steigt
die Dichte
der Antwort

— erlöst
dein
Einzel-

Sein

Taglang
durchnebeln

die
Blicke
der Behauptung —

nächtlings
das zugestillte
Nichts

… bis dann
die Regungen
erzählen

und dein
Schweigen
spracherlöst

still
bleibt.

WahrNehmung

Zerrissener
Vorhang
der
Vorhaben

Entblößter
Nacktheit

werden.

In der Nacht
vor der Operation

Das Notlicht
leuchtet

Sie sitzt
auf dem Gang

Und — mit einem Mal
größter Ruhe-Klarheit
wird ihr geschenkt:

Alles kann werden

Da
Ich
bin.

Tragen

Die
Silhouette
des
Kreuzes

leuchtet
Dir
den
Weg

darüber
hin-
auf!

Jede Fahrlässigkeit
des Gedachten
erstirbt

Jedes Getöne
vor dem Unsagbaren
verstummt

Was bleibt?
als das Erlauschen
eines Unerhörten

als im begleitenden Aufwachsen
des kaum Vernehmbaren
da-selbst

zur Formgestalt
Instrument
werden

und da dann
dein Ton,
dein zu Tragendes —

All-Sinn
      bleibt
        rätsel-
            haft.

Wechsel

Kreuzigung

Von
den
Ebenen

vertieft
um
vertieft

In der Tiefe — Mitte
meiner Welt
fühl ich mich
als der Fisch der Fische:

Schillernde Farben
im universellen Grün
er-leuchten mich —

und die Grautänzer des grellen Lichts,
die sich ihre Fäden gesellig zu-spinnen
sind voll meiner Missachtung.

Was bist Du für ein Tiefgräber
auf hartem Fels!

Siehst Du nicht
die Weite der einladenden Ebene,
die den Tanz Dir entwirft?

Im Vielgefüge steht
die Antwort geschrieben:

Du erfüllst nicht die Sonne der Sonnen!
Planetarisch zu kreisen ist der Sinn
deines — unseren wirk-lichten Aufstiegs.

Seelenfeld

Da
bindet
sich

was
verbunden
ist

All

Bewegte Fülle,
atem-gelöst und schwer

bildet das Band
unserer tiefsten Bezogenheit

Wie Schwalben ums
umsorgte Nest

sind wir in der Flugspur
unseres Sehens — Suche
treu und folgsam

Wir sind mehr
als ein Du und Ich

Wir bilden das Band
des Baumes, des Vogels — all-der-Arten

Und inmitten der Mensch
verbunden und sich steigernd

im allwärts
einverbindenden
Verhältnis —

und
   Haltung
          deiner
               Liebe.

Koordinaten

Klarsage
Wahrsage

Auf-Setzen
des Zeichen

Er-lassen
des Klangs

Wie verhärtet
ist mein Hören?

Wie verspannt
ist mein Bezug?

Wie finster ist das Land
hinter Dir?

Wie bist Du geöffnet
der NeuSage?

Im kreisenden Verhältnis
Im kreisenden Verstehen
nähern wir uns an

Die Wärme steigt auf
den Grad umfassender
Öffnung zu

Innenraum und Außenraum
ergänzen sich

Sinn und Übersinn
vereinigen sich

konkret zum Sein.

Plasmatisches Sein

Durchlass-
gefügt

der Mensch

ins

verewigte
Wehen

Deine morgendliche Arbeit am Bestand des So-Seins
beginnt im Ungefähren, Ungewussten
und kaum Geklärten

Auf der Mittagshöhe deines entwerfenden Wissen-könnens
— mit all den behaglichen Verfertigungen —
wächst da todtragend und drohend
der Ab-Schnitt im vermeintlich Gesicherten

Im muterfüllten Überschreiten der Schwelle
solch verdichtet-gesicherter Ab-Sichten im Eigen-Sinn
im hingebungsvollen Öffnen, bereitet dem All-Strömen
leuchten die UmStände des Tatsächlichen
in sich eröffnender Klarheit und Klärnis auf.

Mehr um mehr erweiten sich abendlich
die wärmenden Deutungsherde
eines einst so hart Erfassten,
ins Strömen des All-Gewollten — dem rein Plasmatischen:

Du bist keine verfestigte Grenze mehr
Du bist nun Klangspiel und — Werk
verwandelst das Um-Gebende
wieder hinein
        ins klingend'
                leuchtende
                        Da—Sein.

Im Fühlen vereint

Im
Schwingen
der
Differenz

das
einigende
Leuchten

Das Halten des Raumes
Das Schweigen der Abwehr
Das Durchtragen des Nichtwissens

Das Mitfühlen in Dunkelheit
Die Gewissheit der Ungewissheit
— belassendes Strömen

Dein Grund ist mein Grund
Mein Grund ist dein Grund

Wir sind uns in der bewegten Vielfalt
unseres je gereiften Seins
nah

Es leuchten die Sterne
ohne Wiederkehr
verglühen — endlich

Was bleibt?

Das Geöffnete
Das Staunen und
seine Haltung

ins Selbe.

Leuchten

Das Leuchten
der Himmel

durchzieht
unsere Herzen

Inmitten der Schönheiten
und Farben
und Formen

nichtet die Nacht
und lässt uns immer wieder
innehalten,
verweist auf Tieferes

Dies Tiefere
wird zum Höchsten,
Zeit und Raum und Situation
verklären sich —

— zum Durchstrahlenden
einer Immer-Zeit,
in der Wir und Ich und Du

so immer sind.

All-sam

Vom

Kleinsten

ins

Größte

Die kleinste Geste,
die zur großen Gabe

Der Ausblick,
der auswegt

Der Mut der Direktheit —
im Ver-trauen all-der-Welten

So

Unser Leben
lieben
Unser Leben
loben

ins Vereinte,
überrundend
weit gefasste Himmels-

Kuppel,
die sich öffnet

mit uns

Lassende Hut

Du mir
Ich Dir

im Gleich-
klang
unseres
Atems

Der Himmel
ist mitten unter uns
Die Erde dreht sich
Die Sonne wendet

Wir sind allsam
einbezogen
in den großen Wechsel-Puls
all-des-Lebens

Unser Atem, unser Puls
unsere Erregtheit und Sanftmut
im Wechselspiel
von Berührung und Grenze

Wir wagen es,
immer wieder
bis zu dem reinen Atem
unseres Seins

Sinn

Lassen-
der
Bewegung

Auf-
nehmen
den
AnSpruch

Da-sein
ohne Wertung

Umspült-sein
ohne Wendung

Verloren sein
ohne Verlust

Keimendes
     Werdendes
        Entstehendes

… in das Grauen
des Morgens

eintauchen.

Ichlein

Begrenzter
AnSpruch

— ein Lauf
ins
tödlich
Leere

Du räumst auf
mit den großen
Gerüstreden

Du gibst den Vorläufigkeiten
ihren Rang
ins Relative

Und Du lernst
zu schweigen
　　zu gedulden
　　　　ab-zu-warten

bis der Tropfen,
der vollendet — gerundete
so tief
　　erfüllt
　　　von Heimat

fällt.

Berührt

Rück-
sicht-
gelöstes
Vermögen —

— Allein
lausche
der
Ansprache

Über
alle
Vor-Stellung
hinaus

Der Sprung
mit
unbedingter
Aufforderung

Lichtiges Fliegen
Lichtendes Fliehen

Im Fall: ein Blinder
Seher!

Du mein Ich

Du mein

Ich —

welch

schwingender

Ausgleich

in

Bewegung!

Tat-
sächlich
fielen
alle
Sicherheiten
ab —.

Der bloße
Puls blieb,
zeigte sich
hier und über-all,
in-Raum-und-Zeit.

Befreit
im Atmen
im Begegnen
im Fragen und Antworten —

Da —
im gemeinsam
klingenden
Tun

erneuert
sich
unsere
Welt.

Du erstehst

Du
erstehst
im
Zauber
der
Nacht

„Zuinnerst und Zuoberst. Wissen und Nichtwissen. Klare Linien und explosives Gemisch. Wie kann etwas sein und nicht sein. Dunkelheit, Helle, Finsternis. Des Tages aufstehen, das Land überblicken und mit einem Funken die Szene erkennen, von ihr erzählen, immer nur erzählen. Gerüstreden sind erkannt. Wendungen werden erfüllt. Hineingeworfen und ausgestiegen. Allein die Willfaser trägt, bis an ihr Ende. Schweigen über Schweigen. Gold über Gold. Klarsinn im Klarsinn. Hoffnung auf Hoffnung. Widerpart mit Widerpart. Im herbstlichen Muster die Stille der Zeit; das Hingehen zum Ort-der-Orte, wo Du heimisch, wo Dir heimisch ist. Schweigen der Vollendung. Der letztere Ruf. Die Wogen tragen lassen vom Ruf der Erfüllung. Sehnsüchte schwingen aus; das Strandgut wird golden, in deinen Händen. Wie kann etwas sein und etwas nicht sein. Schweigen, und immer nur Schweigen. Dem Willen lauschen, der sich an dir erfüllt. Den Weg unter der Allee gehen, den blauen Himmel als Landweg ernten. Weiter um weiter, fort um fort. Dasitzen und der Lämmerhirt sein, der lächelt auf seinem Stein. Keine Zeit, Keine Dauer, kein Weilen. Da-Sein, nichts weiter. Mantren um Mantren säumen den Frohsinn, der Du bist. Hörst Du den Ton der Flöte? Spürst Du die Melodie des entrückten Sängers? Ja — ich höre ihn, und wiege mich unaufgeregt und gelassen ein, erhöre den Auftrag in diesem einen, deinen Ton. Der Horizont ist offen und leicht bewölkt. Wo ist das Ende des Schauens? Wo endet das Weitere?. In der Gefasstheit des großen Wunders senkt sich still mein Blick und geht dem Ablauf der Geschichten zu. Dort trägt die Klangbereitschaft dich und dein weiteres Sein. Wo bin ich nun? Ich bin im Zauber der Nacht geboren, wo das Gegenläufige sich gefunden hat in verbindender Mitte. Hier bin ich losgelassen im großen Lauschen und werde gestillt vom kosmischen Klangwerk. Da-Sein, Still-Sein, Getragen-Sein. Das umkreisende Verhältnis des Wortens hat seine Bestimmung erreicht, und mir ist wohl. Da Du bist und dein Mienenspiel, dein leichtes Drehen des Kopfes, die Art deines Wendens und Blickens ist erkennbare Sage deines So-Sein. So nackt deine Geburt war, so ist sie nun erwidert dem abgestreiften Sein entgangen. Tanz wird Gang, und Gang ist stetiges Wandelwerk. Blüten entstehen im wilden Garten des Überworfenen und Einschlag der Gottheit, die dich überlässt und überlassen hat. Wo der Weg? Hier der Immerweg, hier das Immersein, hier dass Anfängliche in der Neugeburt der Schau. Der Grund ist zum Wandelgrund, da um da um da. "

Wegzeichen

Weg-

Zeichen

erschimmern

den

Horizont

und

Vages

gewinnt

Form

„Und wieder warte ich; erwarte im Feld meiner Resonanzmöglichkeit, dass ich bewegt werde und leicht, zart und sicher meinen Weg weiter fortsetze. Da gibt es kein Ende des Weges, Da gibt es keine Absolutheit; die Absolutheit wird, umfängt mich mehr und mehr, auch in ihrer Dunkelheit. Das Wandelwerk meiner Existenz bleibt. Mit dieser unendlichen Dauer der Zeit, des Raumes ist, wird das Feinerwerden, wird das Stillerwerden, wird das Stärkerwerden, wird die Widerstandsfähigkeit und Grenzbehütung wesentlich. Tapferkeit, Mut, Frohsinn, Konkretheit und Direktheit füllen die Lücken. Der Beständigkeit, der Formvollendetheit nicht genügen! Den Atemraum nicht erfüllen! Ungenügend sein, menschlich sein, Da sein! Und doch ist da Wunder über Wunder, Staunen über Staunen, dass da sich etwas bewegt, dass da ICH sage — Es ist schön, es ist wunderbar; dass ich erhoben bin und stumm in meiner Bedrückung. Die losen Begriffe halten nicht. Das Nichtgenügen meiner verleichteten Worte haben mir Freunde ausgetrieben; Ich warte, bis die Flut kommt; Ich warte bis ich getragen bin; Und dann, an Land gespült — Zeichen in den Sand schreibe. Langsam wie als Kind, als lernte ich das Buchstabieren ... So wird es sein."

Konsonanzen

Kon-

sonanzen

Diss-

sonanzen;

Kon-

frontation

und

Liebes-

bindung

(Direkt gesprochene Einführung)

„Gesättigt dem Nichtgenügen. Abwarten die Tonlosigkeit. Stillwerden neben dem Getriebe. Der Wechsel des Abseitigen: Erleiden des Körpers. Erleiden der Raumentfernung – und seiner Entfremdung. Erleiden des Fehlenden.

Die Flut kommt und die Ebbe nimmt. Unser Reden und Sagen und Handeln bleibt mit der Arroganz stehen. Wir sind im Spiel. Nennen wir es heiter, nennen wir es sinnlos —- gleichsam das Heitere deiner Augenwinkel erzählt mir deine Wahrheit. Ob Du den Hof kehrst, oder das Geld auf deinen Konten zählst. Dein Schicksal ist dein Schicksal und unser ist er Raum, dessen Friederlöstheit aller Sehnsucht doch ist.“

Vom Kleinsten

Größe

in

der

Trans-

zendenz

des

Kleinsten

(Direkt gesprochene Einführung)

„Am Morgen während dem Lauf durch den Graben. Das Sandkorn unter meinen Sohlen, die kreischende Möwe am Himmel — und da-zwischen all-die-Welt, deren Teil mein Körper-Leib mir ist. Im Schwingen der Dimensionen, im Dabeisein und Resonieren und Wirken auf gegebener Ebene —, maßlos in Liebe, sein.“

Im Bei-Sein

Im
Bei-Sein
von
Bewegung
Ja-In-Sein
liegt
all-ein-iger
Sinn.

(Direkt gesprochene Einführung)

„Punktförmiges Bewusstsein — ohne Raum, ohne Bewegung, ohne Lust, und ohne Demut.

Reduziertes Sein im Wartestand, hier-auf-Erden, wenn die Schwingen des Adlers verkrümmt und der Sperling unter den grauen Katzenpfoten am Boden gedrückt — verbleibt.

Heute Morgen das bange Empfinden, dass doch die Fülle und das Wunder des Prismenspiels der Farben bis zu großen Sättigung anhielte, und Ich das Leben schließlich im tiefsten Sinne einzuatmen vermag; — und da ist mein Gewisses, das all-der Raum-Sinn mir geschenkt ist, — ein Geschenk ohne Forderung.“

Und
alles
ist

da-bei
dem
Spiel

der
Wirksamkeit

Und Alles

(Direkt gesprochene Einführung)

„Dasitzen und atmen. Wie atme ich? Welche Gedanken begleiten meinen Atem? Wo atme ich schneller? Wie atme ich langsamer und tiefer und erfüllter? Atmen, dasitzen, verweilen —. Welcher Impuls lässt mich aufstehen? Woraus handle ich? Was für eine Antwort erfolgst auf mein Sagen? Was bewegt mein Hören auf Dich? Da-sein, still-sein, ein-holen das Netz der Verflechtungen, bis zu dem einen Ort, an dem Du verweilst und Du bist und Du ganz zu sein vermagst."

Du wählst

Du
wählst
den
Weckruf
der
Amsel

und
das
Gerede
zweier
Ent-
lang-
kommender

dient
der
Vertiefung

(Direkt gesprochene Einführung)

„Und immer im heiligen Spiel der Auswahl, welcher Stimme zu hören ich Acht gebe und welchem Vollzug ich Folge leiste. Je tiefer und eingestimmter ich lebe, umso erfüllter-der-Fülle erscheint mir das Bewegungsgeflecht — Leben. So kann ich nur nach dem Maß des Frei-Seins von Verengungen leben, so vermag ich nur tief in Meditation und Versenkung die Fülle des einfachen Handgriffs erfahren!"

Von der Teilgeöffnetheit

Von

der

Teil-

geöffnet-

heit

deiner

Grenze

zur

lichten

Er-weiterung

(Direkt gesprochene Einführung)

„Der Ansatz zu Fülle bei jedem Atem, dem Ein- und Ausholen seiner Geste. Und dann-da treu sein, werktätig treu und den Arbeitsplatz stetig wieder aufzusuchen und dabei-bleiben, bis der Weg befestigt, und Du bereit für das Nächst-Folgende wirst. Mit der Einholung der Ernte-Erfahrenheit bleibt unvergessen Ewiges in dein Seelenbuch geschrieben; nach Nächten lichtet am Horizont das Kristalline —.“

Ja-Sein

Ja-
Sein
Da-
Sein

Du
bist
Aus-
gleich

(Direkt gesprochene Einführung)

„Verbunden mit dem großen Ja ist der Raum des Wandels, der Raum der Öffnung, und der Raum des Lebendigen, Gesetzes. Mit dem großen Ja erlischt die Nichtung und die Anmaßung zu sagen, was sinnvoll und was sinnlos sei. Du bist im Kinderspiel des Befindens und wirst geführt an unsichtbarer Hand deiner WahrSage. Abwehr ist Dir erlaubt, bis zu nächsten Demütigung, wo Du in der Einsamkeit die nächste Möglichkeit zum Anschluss erhältst.“

Empfangend

Empfangend

bis

zum

Äußersten

Verwandelnd

ins

Höchste

(Direkt gesprochene Einführung)

„Restlos bis nichts verbleit. Die Kerze verbrennt bis zum Anfang des Dochtes und ihre Säule aus Rauch singt und schwingt das Ende. So der Morgen erzählt von der Nacht — nur er.“

Das Sinnliche

Das

Sinnliche

wird

zum

Band

Der

Kern

ist

(Direkt gesprochene Einführung)

„Ich versinke in Dir. Du wirst mein Leib und mehr und mehr. Aschenland, Blütenregen und Sternen. Die Sprache zieht und zieht und zieht… und verbleibt im Saggelösten. Die Sinne geben Grenze vor mir und dein Zulaut ist beiseiten und trägt mich hinüber, hinaus. Im Strom der Sagewelt lebe ich mich ein und blicke auf dieser Fahrt vorsichtig hinüber und taste meinen Blick über alle Horizonte ab. Ruhig wird es, so ruhig."

Gedulden

Ge-

dulden

bis

ES

schwingt

lichtet.

(Direkt gesprochene Einführung)

„Da sein, da stehen, da bleiben. Die Wartung. Das Lauschen. Die Bewegtheit. Der Ablauf. Dicht, ganz dicht am So-Seienden. Entlang dieser Spur verlangsamen sich unsere Blicke und Gesten. Die zusehends verfeinernden Schwingungen geben uns Raum, Atemraum, der den Horizont öffnet — unendlich. Und dein Lächeln sternt weit.“

All-Puls

All-
Puls-
Wirksamkeit

Leben

(Direkt gesprochene Einführung)

„Wenn mein Versammeln ins Einfache geht. Wenn das Feinflügelgespinnst meines Aufneh-mens immer klarer, gerechter, stimmiger ist. Wenn dann einjede Regung so groß und so klein zugleich mir ihr Scharfbild schenkt. Dann wird der Bogen der Wirksamkeit offenbar und zeigt mir seinen Raum. Ich will nichts mehr — und doch zieht das schöpferische Wirken durch meine Gestalt, die zu tanzen, zu wandeln, zu weben beginnt. Du Leben hast mich ge-nommen, und meine Täterschaft wechselt ins Staunen."

Von der Einheit aus

Mystik und Lebenspraxis

Ich spreche heute zu Ihnen in einer dichterischen Art, dass soll heißen, ich versuche das Thema meines Vortrages — in welchem Verhältnis die MYSTIK zur LEBENSPRAXIS steht — auf einer Sprachebene zu behandeln, dessen Bedeutungsräume in ihrer Geöffnetheit es ermöglichen, scheinbar Fremdes in ein vereinbarendes Verhältnis mit Vertrautem zu bringen, wie es bei einer streng unter den Zwängen einer versachlicht-informativen Sprachlichkeit nicht möglich ist.

Dies erfordert von Seiten des Sprechers und von Seiten der Hörerin jedoch eine Offenheit und Unvoreingenommenheit, um nicht zu sagen — Hingabe, die nicht selbstverständlich zu erwarten ist, wir uns deshalb auf ein vages, ja gefährdendes Unternehmen zwischen wirksamen Verstehen und ignorantem Missverständlichen einlassen.

Ich beginne mit der Einfühlung eines verbindenden dritten Begriffs, neben dem der Mystik und Lebenspraxis; es ist dies das Wort von der EINHEIT.

Ich will mit diesem Begriff und mit Ihnen einen Weg gehen von einer undenkbaren, jenseits einjeden Verstandes erkennbaren, allein im fühlenden Erkennen erreichbaren Ebene, einem Ursprungsort des Seyns und eines jeden Werdens — hin zur Vielfalt der Dinge und Sachverhalte, welche wir als Welt erkennen, handhaben und zu meistern versuchen.

Sodann werde ich wieder durch diese Welt der Vielfalt hindurch den eigentlichen Heimatort, die Einheit transparent werden lassen, sie als bestimmenden Quellort mit dieser Welt der Erscheinungen in ein heilsames Spiel bringen und damit Sehnsüchten aller Art einen wesentlichen Bezugspunkt geben.

Dabei werden die Begriffe Mystik und Lebenspraxis wie ein ungleiches Geschwisterpaar diesen Weg begleiten, begrenzen und zugleich öffnen.

Sobald wir am Morgen unsere Augen öffnen und aus der Dunkelheit der Nacht heraus uns zu orientieren beginnen, fangen wir an, Dinge, gedankliche Vorstellen in der Sphäre unterschiedlichster Stimmungen und Fühlungen in das Zentrum unserer Wahrnehmung zu heben, die uns nicht nur den Tag hinein begleiten, nein, sondern auch die Ausrichtung und die Art-und-Weise wie wir weiter-um-weiter unserer Welt wahrnehmen, oftmals starr-paradigmenhaft oder ver-schwimmend-unklar, festlegen.

Nun stellen wir uns vor, wir würden uns auf der Bühne eines Theaters befinden und wären Teil einer Handlung, die sich während eines streng vorgeschriebenen Stückes ereignete, doch mit einem Mal gäbe es ein *freeze*, wie wir es vom plötzlichen Beginn des märchenhaften Dornröschenschlafs kennen und alles um uns herum erstarrte; die Menschen und Dinge, der ganze Raum würde in eine Bewegungslosigkeit fallen, und wir würden von der Bühne steigen und uns auf einen Platz inmitten der leeren Zuschauerränge begeben. Dort sitzend blickten wir ruhig und gelassen auf die Bühne. Langsam dunkelte sich der das Licht ab und die eben noch klar konturierten Mitspieler und Dinge würden zusehends schemenhaft, bis alles in ein tiefes Dunkel eintauchte.

Wir gedulden uns nun eine Weile — und mit einem Mal erscheint ein helles Licht inmitten des Bühnenrundes vor uns auf, welches stärker um stärker werdend das nun vollständig formentleerte Bühnenrund erleuchtet, eine vollkommen offene und leere Spielstätte! Unser Blick bliebe nun, unverrückbar auf diese Helle, fast weiß, bezogen — bloß, rein und geöffnet.

 Das Einzige, was ich nunmehr fühle ist mein Atem, das Mitgehen des Lebens in und mit mir und mein Leib, konkret, unmittelbar und einfach — bei mir. Und da ist und bleibt diese helle weiße Fläche vor und in und mit mir, und ich bleibe ruhig, erwarte still und versammelt eine Erkennen, einen Einfall, was zunächst zu tun sei.

Da bewegen sich zusehends morgendämmerhaft fliesend plasmatisch, und miteinander verbundene Formen vor meinem Blick. Nichts ist da klar umrissen, gesetzt und vom Verstand erfassbar. Aus meinem Erwachen-der-Nacht und seiner Überhelle begleitet mich nun von jetzt an ein bewusst gewordenes Fühlen von Kraft und Fülle eines all-umfassend, einheitsbezogenen Seins. Es entsteht die unendliche Möglichkeit an zu erneuernder und schöpferisch gestaltbarer Form — in mir und meinem Herzen — ein unsagbares Empfinden von glückhafter Höhe des Da-Seins. Da pulsiert ein unablässiges Strömen und antwortendes Bewegen zwischen meinem Herzen und der mich umgebenden Bühne — Welt; immer mehr und stärker und tragender — hin-ein.

So wird mit dem geheimnisvollen Zentrum und der Weite und Stille meines von Verstellungen befreiten Seins die Aufgabe schöpferischer Vermittlung in diesem mir gegebenen Leben deutlich; all das mir sichtbar, hörbar und fühlbar Zugeordnete, wird mir Auftrag, zu heben, zu heilen, ja mit ihm erneut auf-zu-er-stehen.

Mein Ein– und Ausatmen begleitet das Empfangen der Formen und führt zum verwandelnd-schöpferischen Moment aus dem innersten Herzen, Zentrum, Ausgangs-Ort der Sehnsuche und Wirkort meiner Auferstehung-Welt.

Abseits und doch darinnen, außer der Welt, und doch mit ihr verwoben, beginnt das heilende Spiel entlang des Tages im Gleichnis über Gleichnis. Die durchtragende Morgenerkenntnis, das helle Bewusstsein, lebt in der Fülle der Vorwelt, bevor sie zum Gewordenen gerinnt.

Mit der Morgenerkenntnis magst Du geschehen lassen und zu-höchst, wo das intuitive Handlungswissen Dir Bescheid gibt, leichte Korrektur geben, damit — wo der Ton gesetzt — die Melodie den Raum ihres Ausklangs erhält.

Mit der Morgenerkenntnis ist die Nacht an meine Schulter gelehnt und ängstigt mich nicht mehr. Lichtreflexe und Schattenspiele, unablässiger Tanz erscheint vor meinen Augen und die erstarrten Körper zeigen sich im Wendespiel ihrer unendlichen Möglichkeit.

Und stets atme ich ein und lasse dem ungebrochenem Licht in mir Raum, dem Lande Weiß — Heimatort, Ursprungs-Mitte.

Die Schönheit, empfundene Klarheit und wärmende Tiefe wird mit der EinLösung der Bilder, ihrer tiefsten Bezogenheit zum Zentrum des EINEN auf ewig im Herzen-aller-Herzen entborgen.

So ist das Lot meines Handels wieder-geboren, wird die jeweils in Raum und Zeit und Ort und Situation gegebenen Aufgabe zum Aufbruch des Lichts — mit den Farben, Klängen und Bildern schön und gut und liebevoll da-selbst zu sein.

Wie paradox — ich bin der be-deutende Schöpfer meiner Welt, die zu gleichem Maße die Welt des Schöpfertums meines MitMenschen ist. Wir gehen gemeinsam hinein in die Formentiefe, nehmen wahr und sind wirklich — wie wir und einbeziehend das Licht aller Lichter schon längst erfüllt sind — Entfaltete auf dem Weg einer nun bewusst werdenden Entfaltung.

Jedes Seiende sucht seinen Ausdruck im Verdichteten seiner Welt; trägt ihr Entstehen, Werden und Vergehen.

Um konkret zu werden, aufzuzeigen, wie im je eigenen Leben das mystische Erkennen als Einheitserfahrung erfahrbar wird, kann ich als Mensch beginnen, mein Leben als quasi musikalisches Lesebuch zu begreifen, kann lernen mit Dissonanzen umzugehen, und kann eine tonale Verstärkung als Durchbruchserfahrung deuten.

Das Leben lehrt mich, dass wir keineswegs Ausgeschüttete, wahllos Kämpfende sind, dass wir aber auch nicht einem festgesetzten Plan zu folgen haben.

Wir leben tief im Innern aus dem Puls einer Einheit, die uns immer wieder den Ball zuwirft, wir ihn mehr um mehr bewusst ergreifen können, oder auch nicht. Er ist uns gegeben, hinführend zu feinsten Schwingungsebenen, der uns immer wieder Raum gibt, unsere Freiheit zu leben, den Weg der Einheit, oder sage ich Licht, oder sage ich Liebe — zu gehen, oder uns ihm zu verweigern.

Sich diesem Puls stetig mehr anzuvertrauen, mit meinem Atem und den großen Atembögen in schöpferische Verbindung zu gehen, führt dazu, dass äußere Geschehnisse und innere Geschehnisse, das Alles-so-wie-es-ist, deine und meine Wahl und Bestimmung freiheitlich in-eins-fallen.

Das Vor-aller-Welt-Sein und der je ureigene Durchgang zur Blüte ist Maßstab einer Menschlichkeit, die die ganze Wahrnehmungswelt umfasst. Der einer Geistnatur gegebene Prozess gleicht dem Anklingen eines Tones, seiner Steigerung und dem Erreichen des Höhepunktes, sowie seinem vollständigem Verklingen. Die Stille des erlichteten Klangraumes ist Essenz und zugleich nährende Voraussetzung für das erscheinend Ganze.

Grundwort aus dem soeben aufgezeigten Kern einheitsbezogenem Wissens: Werde der, der Du warst, bevor Du geworden bist! Eine Paradoxie, welche erweitert auf die ganze Menschheit besagt, dass alles ein Spiel, ein heiliges, da das einzige uns gegebene Spiel ist.

Das Wirklich-Werden, bewusste Gestalt-Werden bedeutet, dass stets der ganze Raum des Werden und Vergehens mit-erfühlt und so erfüllt wird. Wir können uns zusehends nach dem Anklingen des Grundimpulses eines zutiefst Gewollten ausrichten, dieses aus der Gesamtheit gegebener Struktur unserer Biographie — zu Zeichen geronnener Lebensspur — erlauschen.

In einer Abfolge von in-sich-stimmigen Sachverhalten können wir ein Geschehen aufdecken und erzählen, welches eine Fügung erkennen lässt; ein Fühlen in uns auslöst, dass Etwas mehr-oder-weniger gewollt zu sein scheint; — im Keim eines jeden Vorhabens und einjeder Handlung ist eine Resonanz in Bezug zur Dynamik und lebendigen Ordnung einem Umfassenderen und Wirkmächtigen wahrnehmbar. Handelt der Mensch gegen diese tiefere Stimme seines GeWissens — wird er leiden.

Der Weg des Menschen kann dazu führen, dass er das irdische Leben als das Resultat einer von-selbst-erklingenden Musik bewusst erlebt. Ausgehend von dem wesentlich gegebenen Grundton, im Puls und Erleben wechselnder Obertöne, wird der KlangRaum erschaffen, erfahre ich die Freiheit mich zu entscheiden, mich in das Ganze gegebener Musik lauschend einzuschwingen, oder mich ihr zu verweigern So entsteht die Welt des Klangs aus meinem Ton, der ich wesentlich bin und war und immer sein werde.

Der Raum wird durchseelt und für die folgende Stufe des Seins-in-Liebe bereitet.

Wesentlich bei einer Entscheidung für oder gegen eine Handlung im Sinne der allumfassenden Einheit alles Geschehens ist die mögliche intuitive Schau gesamter innerer und äußerer Situation — über ein fühlendes Erkennen, welches ein rationales Erfassen-können übersteigt.

Die sich auf dem Entwicklungsweg des individuellen Menschen entwickelnde Intuition entsteht aus der Wahrnahme des Gegebenen, seines Erkennens und hingebenden Vertrauens in einen tiefer geloteten Sinn unserer Existenz.

Fühle ich auf dem Weg der Verwirklichung bis in die kleinsten Alltagshandlungen hinein das schwingende Lot, habe ich das Gefühl einer gestimmten Mittigkeit? Ist die tief in mir angelegte Gelassenheit, das große Ja-Sagen, ein lassend-willentliches Einsfühlen da?

Vertrauen und Sicherheit Schritt für Schritt zu erlangen und zu vertiefen ist der Weg. Irrungen, Fehlschläge, Anmaßungen und verfehltes Hören bilden notwendige Korrektur. Alles, was erscheint trägt eine Dimension des Ewigen in sich, — ein Same, der einen Raum eröffnet, der schon angelegt; ich mich ihm in all meinem Tun und Dasein frei hingeben kann.

Wessen Kind hier spielt, zeigt sich mit der verwirklichten AufGabe vertieften Lauschens und Erkennens — hier entscheidet mein GeWissen über Wahn und Auftrag.

Sei mein Entschluss, dieses oder jenes zu tun mit einer noch so großen Un-Vorstellbarkeit verbunden — ist das Herz-aller-Herzen anwesend, darf ich bei der Verfolgung meiner Vision mit dem selbsttätigen Puls befreiter Mitspieler sein.

Da hemmt kein einseitig rationales Argument — in der Überraschungsspur sich einlösender Hoffnung spricht sich eine weisheitliche Dimension aus, welche deinen und meinen weiteren Raum umspannt.

In und mit diesem Klargrund steht der Mystiker — Mensch in intimer und lebendig-durchpulster Verbindung, und sein Leben wandelt stetig mehr zum Eigentlichen, Tanz .

Bedeutsam hinsichtlich der Entscheidung für eine scheinbar noch so banale, alltägliche Geste, Handlung oder Vorhaben ist die Frage, ob ich ein vertieftes Hören — Lauschen zu entwickeln vermag.

Mit diesem eröffnet sich aus einer meditativen Stille die Wahrnahme des Entscheidungsraums; — ich vermag zu sehen, ob eine Bewegungs– und Formstruktur stimmig ist oder nicht, ob die Handlung im Resonanzfeld eines umfassend Lebendigen steht, oder nicht. Schönheit und Wahrheit gehen hier Hand-in-Hand.

Der Wille einer solchen Handlung ist lebendig-schwingend bewegt in seinem Sich-zeigen, d.h. keine quasi strukturlos-lineare Achse bestimmt die jeweilige Handlungsweise, sondern eher ein mäandrierend-schwingendes Pulsieren, ein steter Abgleich des äußeren Handelns mit der Vorbildlichkeit innerer Gestimmtheit und Stimmigkeit wirkt entscheidend.

Mit einer solchen Qualität der Lebenspraxis ist die Treue und Verbindlichkeit dem Erlauschten und dessen Verwirklichung gegenüber wesentlich.

Das in der Welt aufscheinende Licht der Mitte, des Mittags überwächst den Schatten

der Erscheinungen, die dem lebendigen Puls nicht zu entsprechen vermögen, und auf ihrem unzeitigen Stand beharren.

Umso mehr gilt dies für die Begegnungen von Mensch zu Mensch: Sehen wir uns alle auf dem Weg hin zu einer Nacktheit und Unmittelbarkeit, die am Ende der Verstellungen für uns ein hohes Lied eröffnet!

In der Erfahrung reiner Resonanz erhält so das Licht-der-Lichter das Seine, das wahrhafte Wiederleuchten — sein Antlitz. (…)

SURSUM CORDA

Einschwingendes Verhältnis
aus meinem innersten Herzen

Da regt
        keimt
            wächst
            und blüht

von Gleichnis zu Gleichnis
All-ES-zum-Bild
— und welkt und tönt
und vergeht

schwindet
mit dem Klang

dem strahlend
            heilenden
                hebenden
                    wirksamen

schluss-endlich
in die Er-Lösung

deines Äons*
hin-EIN.

* Ewigkeit „Et nunc et semper et in saecula saeculorum"

All

All

ins

Schöne

Eine

An der Grenze
des Sinn-
haften

im Lauschen
in der Zartheit
vor dem letzteren Ausatmen

da öffnet sich
horizonthaft
die Weite des Raums

so
unsäglich
befreit

Ton

Ton
der
Du
bist

klingend
Klingende-r

wirst.

Wir brauchen einander
Wir benötigen einander
Wir suchen einander

Und All-ein —
        dein Ton
           dein Same
              dein Wesen,
das Du bist!

so ein Weg
so ein Zuversichtliches
und stets Ergänzendes

— hinzu
erläuternden

Klangs.

Klanggestalt

Ein-

schwingen

ins

ewig

lebendige

Gesetz

Nichts geht verloren
Alles ist eingeschrieben
ins kosmische Klingen —

Dein Meer
Deine Fülle
Dein Leben
InEins
gebracht
von des Nachts
in den Tag
zur Nacht

— reinen
überhellen
Seins.

Ein-Sinn

All
gefügt
ins
Eine —

— der
Dreh-
Moment
singt!

Beim Gang durch den Baumarkt
die bunten Artikel
die Menschen mit den suchenden Blicken
die Geräusche und Klänge aus dem Laut-Sprecher

Du in Richtung Kasse —
Alles öffnend wahr-nehmen
Nichts widerständig verstehen
Nichts als Einzelheit zur-Antwort-kommen-lassen.

Die Empfindungen strömen zusammen
zu einem Sinn, der anfängt zu schwingen —
bis zum Handlungston der Begegnung,
wirksamstes Weiterschwingen

er-sucht.

Stetig

Stetig
das
Gewärtige
ein-binden
in
Klärnis

Wo der Konflikt?
Wo der Ausgangsort eines Missverstehens?

Das Laufband anhalten
Der Würde des Menschen entsprechen-d —

die Zeit — die Dauer — die Beruhung
aufsuchen

und dann,
ursprungsbezogen

in das Abenteuer
des Verstehens und Liebe-Leben

eintauchen

Angesichts des Absoluten

Vor dem Vorhang
der Tumult der Stimmen

Mit dem Dunkelwerden des Raumes
wird es still

Der Vorhang fällt —
es spricht vor gleisend hellem Licht

deine Haltung

Seins – Fühlung
in
Schönheit – Wahrheit

Landen

Im
Puls

Sein!

Fantasias Räume,
die Du voll-der-Begeisterung sichtest
und räumst,
in denen Du dich aufhältst.

Begegnungen,
die dich fordern
und freuen
und er-leiden lassen.

Bewegbarkeiten
und Stimmungen,
die dein Herz
bewegen…

Und da
bist Du —
wie eine Pflanze
und wie ein werdender Baum —

Über und mit Dir
die große Geöffnetheit
und unter und tragend
das Land aus deiner Gewordenheit,

das dich trägt,
        das Dich hält,
            auf dem Du jetzt
                und in dieser Zeit
                        lebst und atmest
und so einfach —
bist.

Aufgang

Wenn

das Licht

in

seiner

Färbung

Wenn

die Dunkelheit

in

ihrer

Strenge

gesprochen

hat

öffnest

Du

deinen

Raum

Bild: Jürgen Knobel, 1993/2024

Lebenskloster Worndorf

AufGabe

Vom

Unhörbaren

ins

Unerhörte

Da —Sein

Mit der Stille
bist Du
Da —

offen
dem Raum
gegebener Weite

Mit den leisen Tönen
erhebst Du dich
zum geflügelten Tanz —

… so ganz
in d-einer
schöpfenden Art

Die Hilfe
der Formgeister
ist gefallen—

Aus der Fülle
deines So-Sein
bebaust Du das Land —

Ent-birgst
all-wärtige Liebe —

Unser.

Einfachheit

Es

spricht

die

einfachste

Einfachheit

Im

Behalt

des

Sein

Da

erntet

sich

das

Leben